AF441667

ROJAS LAS PALABRAS

LYA AYALA ARTEAGA

Selección del Reclutamiento Poético 2015

ROJAS LAS PALABRAS

LYA AYALA ARTEAGA

Rojas las palabras ©
Lya Ayala Arteaga ©
Seleccionado en el Reclutamiento Poético 2015
Prólogo por: Fredy Yezzed
Copyright © Editorial del Gabo, 2015
Colección: Tripa Chuca #4 / 2016
ISBN: 978-99961-985-0-2

Edición y Corrección: Andrés Norman Castro
Arte exterior: Alejandro Marré
Diagramación: Sirius Estudio

Editorial del Gabo
San Salvador, El Salvador, Centro América
editorialdelgabo.blogspot.com • **f** */editorialdelgabo*

Lya: *Mujer, Amante, Guerrera y el Reclutamiento Poético 2015*

Para la Editorial del Gabo es fundamental ser una plataforma para nuevas lecturas, para ser la curaduría de un coro de voces polifónicas de la región. Es por eso que se convocó a un Reclutamiento Poético, plural y abierto, para abrir nuestra editorial, a las voces más interesantes y escondidas del mundo.

La respuesta a nuestro Reclutamiento Poético 2015 fue sorprendente; 50 trabajos de 9 países del mundo. Sin embargo, dos libros pudieron capturarnos por sobre los demás y alimentar nuestro deseo de producirlo. Estos libros son "Crujir de Pájaros" de Francisca Alfaro (2015) y el presente "Rojas las palabras" de Lya Ayala Arteaga y ahora ambos son una realidad en papel. Coincidentemente y para bien de El Salvador, ambas escritoras son salvadoreñas.

Podemos decir que Lya y su libro nos sorprendieron gratamente en su lectura. En ella palpamos una mujer aguerrida, una amazona que desde su atalaya conoce al Hombre y lo ha armado y desarmado las veces que ha querido. Es poesía de factura excelente, escrita en un lenguaje rico y bien estructurado, que emana erotismo sin sumisiones y con rebeldía.

Encontramos en la voz de Ayala, marcada influencia de voces como la de Alejandra Pizarnik–coincidencia con el libro de Francisca Alfaro- así como de Alfonsina Storni, Wisława Szymborska y la joya costarricense constantemente olvidada, Eunice Odio, dando así una bocanada diferente a la tendencia de los autores contemporáneos con escrituras no fundamentadas y facilistas. Además, Lya se convierte en heredera de esa sociedad secreta de mujeres heroicas, libres, independientes, pero sobre todo, sensibles como Sor Juana Inés de la Cruz, Chavela Vargas y Janis Joplin.

Para la Editorial del Gabo es un verdadero honor contribuir a que esta importante voz de la "generación noventera" de poetas de El Salvador pueda darse a conocer y ser disfrutada, como quien disfruta una buena copa de vino o un güisqui en las rocas, por los lectores del mundo.

Consejo Editorial de la Editorial del Gabo
San Salvador, Madrid, Tegucigalpa, Montevideo y Ciudad de Guatemala

La letra del ardor

a

Dijo Mahmud Daswish que "La realidad más firme es la imaginación", es esta la esencia que el lector reconoce en primera instancia en el libro Rojas las palabras de Lya Ayala. Los poemas de este libro son borbotones de imágenes e instantes líricos que no hacen otra cosa que celebrar la imaginación en medio de la realidad más hostil que vive el artista hoy en día en Latinoamérica.

b

La sed, la ira y la rebeldía son algunas de las deidades que desnudan el erotismo que emana de la voz poética de este libro. En muchos instantes es el sol el blanco de sus dardos: "diminutos hombres en fragmentos/ todos inválidos de verdad todos cobardes ante la sangre". Se revela y se rebela frente a lo masculino. Pesa el hombre como un estigma silencioso.

c

Su mirada no es sumisa, al contrario, contestataria, apabullante, bélica, si se quiere. En algún punto versos como "querés una compañera que camine sobre tus pasos/ que susurre que abra las piernas que cierre la boca", recuerdan a Alfonsina Storni cuando dice con ironía: "Tú me quieres nívea,/ tú me quieres blanca,/ tú me quieres alba".

d

El cuerpo es el objeto del ardor, el emisor de la tensión espiritual, sobre el que cae la energía lujuriosa de la palabra: "no tengo más revolución que el cuerpo intenso/ hecho de palabras (…) la revolución es el cuerpo entero con su tibia maraña de deseos". Busca su cuerpo en el cuerpo ajeno. El cuerpo es el que le abre las puertas del misterio.

e

Pero "sin amor no hay erotismo", dijo George Bataille, y en la palabra de Ayala habita la esperanza de amar a plenitud: "abre el mar amor abre el mar con la boca de todo tu cuerpo". En el fondo hay invitación. Deseo de reconciliación. Anhelo de residir en el abrazo. Sed de amor.

f

Cuando penetré mi aliento en tu aliento/ cuando temblé silenciosa debajo de tu cuerpo/ el amor fue la hoguera de los muertos/ fueron noches entrando en mi cabello/ fueron silencios sangrando en mi boca.

h

"Extiendo mi lengua para tragarme la noche". Eros habita la palabra. La fuerza erótica es la sangre de estos poemas. Deseo, atracción y pasión hay en demasía. En los momentos más volcánicos, la voz no se pierde en los pantanos de la esquizofrenia. Pero la vemos latir. Casi estallar.

i

En este ritual de mi boca contra la tuya/ aprenderás a tener fe. (…). Mi cuerpo es mi religión.

k

Es presa del deseo y la insatisfacción. Son dos motivos que elevan su escritura a lo oscuro y lo íntimo. En esta poesía lo sexual es fiesta y es ausencia. Es incuestionable la carga libidinosa de esta poesía. Hay hambre en esta letra. Vive en la palabra roja. Casi todo prende fuego. Hay dolor. Vida.

o

La visión de mujer que plasma este libro es la de una mujer sin miedo, una mujer de quijada altiva, una mujer salvajemente libre.

s

Pero hay riqueza simbólica también en la contradicción. Es una mujer que desea salvar al hombre, en el fondo también para salvarse ella. hombre/ habítame para que seas historia/ para que no mueras (…) Soy luz/ que entra en medio de las vigas/ y destruye puertas. Como Sophie von Kühn es luz, salvación del hombre en medio de su noche de congoja. La mujer es camino.

u

La ciudad es otro cuerpo. La ciudad pasa por el cuerpo. A través de ella, leemos y tratamos de interpretar la ciudad interior. La ciudad de Ayala es gris, tediosa, cruda, pero es su ciudad. Ella le niega el amor, pero será ella quien se lo devolverá. Es su condena y es su motivo. "No me gusta la desnudez de mi vieja y cansada ciudad/ porque asoma la fatal renuncia de amor en mis ojos".

w
El cuerpo de su palabra es despojado, intenso, inquietante. Se aleja de la palabra vacía, llana, fácil. Dice: "La primera persona la única persona en la poesía/ es el silencio". Su principal compromiso es con la palabra misma.

x
Ayala desea ir siempre al fondo de lo esencial. Habitar en el misterio es su necesidad primaria. "como toda piedra me rehúso a buscar la superficie". La piedra como la poesía viaja en el tiempo. Sabe que la palabra sobrevive con la dureza de la piedra. Tiene fe ciega en su poesía. La come cruda.

y
¿Influencias? Podre de aquella poesía que no tiene padre, ni madre. Palpitan entre líneas Pizarnik, Loynaz, Agustini, Amor, Sexton, Szymborska. Pero es Eunice Odio la que más hondo ha calado en su escritura y su sensibilidad, admira de la poeta costarricense su voz devastadora que no teme decir lo que debe decir.

z
Sin lugar a dudas, Ayala es una digna representante de la poesía reciente de El Salvador. Su libro Rojas las palabas, frente a la violencia y la injusticia, es territorio de paz. Su letra es un cuerpo extraño en el misterio que nos convoca.

Fredy Yezzed
Poeta Colombiano

Rojas las palabras

"Ven
Comeremos en el sitio de mi alma".
Eunice Odio

hombres en fragmentos

aquella calle redonda como un limón podría ser una historia
pero hace falta un labriego
un forjador de hierro un lanza cometas o quizá un recogedor de piedras
haría falta tanta nube tanta hierba fresca
y solo veo desde mis profundas huellas
diminutos hombres en fragmentos
todos inválidos de verdad todos cobardes ante la sangre
todos incompletos ante el amor
y yo pensaba completar mis asombros unir mis tormentas mis pieles de
                                                                  //girasol
volcán sagrado en estas diminutas piezas
y ante la verde tarde fresca como un limón
pobres hombres no lograron alcanzar ni mi sombra ni mi fuego ni mi
                                                                  //pasión
les faltan misteriosas palabras en alquimia que aprendí adentro del rojo
                                                        //caldero de la razón
les hace falta arte en los dedos les hace falta viento huracanado brisa en
                                                                  //los ojos
no pueden siquiera asomarse a mis misterios
camino frente a una calle con cientos de veredas y siempre camino sin
                                                                  //miedo
hacia el abismo del que nunca regreso
allá lejos solo veo fragmentos

escribo el poema

escribo el poema
es el mismo poema
es la gota de agua silenciosa
como de sangre como de tarde hambrienta
siempre escribo el mismo poema
se escurre hasta la piel y desde la piel firmemente
como esos amantes que no existen y se sueñan
tengo el hambre cruel de la piel despojada
de los ojos ardiendo por una batalla de sangre y arena
el cielo es angosto cuando escribo el poema
el mismo poema
todo y nada cabe en el centro de los ojos
cabe una vida y todas las vidas que me palpitan en la piel cansada
piel encendida piel de mi rostro de mi torso de mi lengua
escribo el viejo y antiguo poema del mar abierto entre mis piernas
son niños y son padres y son hombres y son flores
siempre es sangre la que brota desde el papel
creía que eran letras me miraban en el espejo y no me encontraban
él mismo se escribe él mismo se extiende
el poema que me encuentra abierta y sangrando
desde el centro de mis manos
hasta el hondo mar entre mis piernas

la revolución ahora

tengo una herida de historia clavada en medio del cuerpo
clavada como un alfiler de palabras con puntos de sangre
no tengo más revolución que el cuerpo intenso
hecho de palabras
palabras flores palabras puñetazos sobre el rostro
palabras crudas como la muerte pasajera
palabras podridas hediondas punzantes
la revolución ahora es mirar sin mirar a los ojos
en la punta de la lengua como grito sin aire
la revolución es el cuerpo entero con su tibia maraña de deseos
el cuerpo perdido en las calles:
el cuerpo y su causa
el cuerpo y su mentira
el cuerpo y su desesperanza
el cuerpo y su pasión
el cuerpo y su odio
el cuerpo y su sudor
por eso no tengo más revolución que el cuerpo intenso
con él predico
grito
cambio
nazco
amo
replico
con él muerdo
araño
mato
huyo
desvelo
no tengo más revolución que el cuerpo intenso
por eso no puedo quedarme donde me quedo
por eso no puedo guardar silencio
la revolución ahora
es la palabra clavada con puntos de sangre
que vomita el cuerpo

que culpa tengo yo

que culpa tengo yo
de haber nacido a la sombra de una turba de viento
iba pasando como cualquiera
pero me vio
y por mi modo austero de caminar deliberadamente por los abismos
se ató a mi cintura y bajó hasta mi vientre
para hacerme aire con alas aire incandescente aire verdadero
que culpa tengo yo de amar la delicada sombra de los hombres
de amar el tibio cabello de las mujeres de amar la piel transparente de
//los niños
en medio de la turba de aire conocí los ojos
mi propia mirada de muerte
mi respiración acompasada de muerte hipócrita
que culpa tengo yo
de haberme puesto en medio de esa calle infinita a ver pasar sombras
la turba de viento me eligió
como a los corazones muertos
que culpa tengo yo
de haberme puesto un vestido desnudo frente a los ojos del viento
de amar como aman las hojas como aman los resplandores
que culpa tengo yo
de penetrar el cuerpo del viento con mi cuerpo

mujer sin miedo

mujer sin miedo soy
mujer que se comió su cultura con la lengua
que abrazó la piel de su propio cuerpo para cubrirla de razón
que abrazó todo su cuerpo en remolinos de fuego
mujer sin miedo soy
aliento que buscó la puerta y exploró el camino sola con llagas en los
pies
mujer que gritó en la ventana y se alzó sigilosa para no morir sedienta
aunque fui atada de manos y me cubrieron los ojos y me taparon la boca
yo grité
yo traspasé tu cuerpo
yo deshice tu mano
yo reinventé tu palabra
mujer sin miedo soy
cuando quisiste destruirme con tus costumbres
cuando quisiste envolverme en tus miedos de historias pasadas
cuando me ataste entre tus dedos sin piedad
yo corrí y destruí con inteligencia con destreza tu palabra tu puño tu
tristeza
mujer sin miedo soy
estoy alerta
estoy despierta
estoy con las manos construyendo
hago paredes hago ríos hago música hago ideas
mujer sin miedo soy
constructora que parió un hijo
constructora de las palpitaciones
mujer sin miedo
mujer sin horas
soy la hacedora de la historia

gota

a veces el agua se bebe mi cuerpo
y yo siento latir el cielo oscuro en mi boca
entonces todo río mar fuente
dice mi nombre con su lengua
a veces camino entre la lluvia
y las manos que agito sobre la cabeza
son gotas
y sé
sé que adentro de mi piel palpita un túnel
como lengua de perro sediento
un abismo intermitente oscuro
enredado en la punta de mi pecho
como serpiente
a veces se cae de mi piel una gota helada
una gota solitaria
que mira con su ojo
una lágrima
que es
río mar fuente agua

cómo se quiebra un espejo

dime cómo se quiebra un espejo
porque mi cara está al otro lado
quieres una imagen de ti mismo
sin palabras sin gemidos sin miradas
quieres una momia vestida con piel humana
dices que las mujeres son tesoros que se guardan
quieres una lápida de ojos perdidos con el cuerpo escondido
dime cómo se quiebra un espejo y lo haré trizas
me comeré los pedazos me envolveré en las esquirlas
me rasgaré desde afuera hacia adentro
mira el espejo míralo
tiene un espíritu tiene hambre tiene frío
y por eso porque palpita tiene vida
quieres una compañera que camine sobre tus pasos
que susurre que abra las piernas que cierre la boca
quieres una esposa que lea los pensamientos
que destile humo por la boca
y yo soy una rama
escucha
escucha
yo soy una rama
una raíz colgada
una pizca de savia
soy un grito
un espantoso grito
un horrible grito
de sangre humana

no me gusta mi ciudad

no me gusta mi ciudad con sus túneles calles
y su silencio pastoso en las casas de la gente
no me gusta porque tiene pequeñas heridas en las paredes
me desagrada su ruido valeroso como un niño llorón
sus torpes avenidas sus calles sucias y llenas de sangre
mis ojos no miran nada mis ojos se cansaron de sus ojos tristes
mi ciudad respira bolsas motores latas manchas
no me gusta caminar mirando por la espalda
detesto sus medios parques sus aburridos dos teatros
sus carteles de neón incrustados en todas partes
su cadena humana en los mercados olvidados
su resabio doloroso de mujer partida en dos
me hieren sus barrios descuidados su arquitectura de hojalata
su trayecto en reposo de edificios hermosos cubiertos de sal
odio sus buses sus raquíticos árboles sus pizzerías por todos lados
odio esta ciudad porque huele a necedad a grises sin sentido
la odio con su gente adentro con su silencio adentro con su olvidada
                                        //languidez perfecta
me aburre su falta de originalidad sus dedos pegajosos y su ardiente sol
el moho blanco adherido en los pies de la gente como si fuera
la única plenitud para matar
sus horribles patios sin bancas sin planicies sin gozo sin asombro
no me gusta la desnudez de mi vieja y cansada ciudad
porque asoma la fatal renuncia de amor en mis ojos

extiendo mi lengua para tragarme la noche

extiendo mi lengua para tragarme la noche
ella se abre tibia adentro de mis huesos
para romperse en viento oscuro en el cielo
mi cuerpo de mujer entiende ciertas manos
perfectas como garras de animales muertos
mi cuerpo de mujer apresa sin temor
todo sonido habitado de sombras
sé el oleaje frío encima de la piel desierta
puedo enterrar muertos vivos
puedo destruir ojos como bocas sedientas
tengo apresado entre los dedos el declinar de la tarde
entre mi cuerpo de mujer infinito como el dolor de la noche

tierra roja

tierra roja sobre cuerpos cansados
tierra encendida en las huellas débiles
que buscan pisar otros pasos
tierra roja espantada y rabiosa
uno no logra escapar de la tierra que nace en la piel
uno nace en ella levemente en gotas
tierra roja muerta entre el cuerpo y las huellas
es esta tierra
tierra de barro agrietado de sol adentro de los párpados
tierra dolorosa de lápida blanca
donde las nubes tejen plumas de pájaros
en la boca podrida de los ancianos

  desde el centro hasta cerrar mis ojos con tu mirada

esta mujer sobre la palabra dice
árbol
        pena
                alegría
                        deseo
                                boca
página
        gota
                abeja
                        labio
                                tierra

cintura
            taza
                    ojos
                            lengua
                                    guitarra

habla sobre el tintineo de tus dedos
sobre la mesa
sobre tu piel encendida
sobre la tu espalda cruzando la orilla
una mujer sobre la palabra grita
sin silencio y en silencio
la mirada de la palabra de tu cuerpo
en miles de páginas
porque eres el sonido grave de la piel de la mujer
que grita el reflejo de la tarde en tu cuerpo
borrando las historias
porque destruyes solo con tu aroma
todas las letras
porque construyes solo con tu saliva
todos los sonidos
todos los ecos
sin silencio y en silencio
eres la mirada

aire en tus ojos

quiero amarte como se ama cada rincón de la ciudad antigua
calles pequeñas y grandes calles marchitas y en retoño
quiero amarte en el misterioso sonido del aire en tus ojos
porque veo en ellos la tenue caricia de un niño pequeño
porque veo Estambul brumoso a través de tus pupilas
amo la piel que te cubre como si fueras la ciudad eterna
la ciudad de las tibias paredes y ventanas infinitas
quiero amarte en medio de las frías madrugadas
arropados nuestros cuerpos con la niebla
y la tierra de tu pueblo
yo que te vi adentro de esos ojos
yo que te vi en medio de la magia
yo que te vi como un fantasma
creo que en mí existe un sueño
en mí nada es hábito sino bruma sino calle sino silencio
por eso quiero amarte levemente como se aman los pasos
perdidos en la calle
amarte como se ama la brisa marina de Estambul en las tardes
amarte levemente tiernamente con la piel de todo mi cuerpo

tu boca el horizonte del mar abierto en mi boca

ven amor
debes venir a mojar la cavidad deshabitada de mi lengua
haré rumores escondidos en la profunda humedad de mi boca
harás otro silencio blanco en la punta de tus dedos
ellos serán el viento recio que evapore la sal que duerme en mi beso
abre el mar amor abre el mar con la boca de todo tu cuerpo
navega el mar amor navega con la lengua de toda la piel de las piedras
iré a tu boca en silencio haré en tu boca un grito de silencio
moveremos el agua del mar en el vaivén de las olas
escucha amor escúchalas
es aire
                             es brisa
son olas
escucha amor escúchalas
es el aleteo de tus labios de mar abriendo mi boca
es el agua habitada de tu lengua
es la arena dibujando el agua que grita
cuando navegas en mi lengua

este amor es una tristeza rota una esperanza honda

lo miro desde el bus partido en dos
con ventanas sin vidrios y gente amontonada
cuando escribimos cuando nos amamos en la tristeza rota
cuando nos hablamos con la esperanza honda
porque sabes y sé que las calles del mundo están llenas de sangre
aquí la injusticia vive encerrada en los ojos tristes de la pobre gente
con su pobre idea con su pobre silencio con su pobre miedo
y yo te veo y me miras latir al límite de tu pecho
encerrada mi boca entre tus cabellos y tu cuello
a veces tengo miedo
cuando tocan el portón y son los ladrones y no salgo
cuando atropellan la puerta y preguntan y no salgo
me arremolino en la sábana de tus palabras
en las palabras más reales que la propia verdad
me arropo de ti me cubro contigo y las palabras
y el ladrón y el portón y el miedo
son ecos son humo son nada
este amor amor es una tristeza rota una esperanza honda
cuando caen bombas cuando saltan pedazos de cuerpos en la calle
estás cerca tan cerca con tu voz inquieta
ya ves dices mujeres objetos hombres perversos pobre pueblo
ya ves digo mujeres ignorantes hombres más ignorantes pobre pueblo
 las bombas parecen las mismas allá y aquí pero no son iguales
 las guerras tienen detalles tiene flores tienen nubes tienen pájaros
                                                      //tienen libélulas
vienes a mis sábanas de palabras con miles de abejas en tu boca
vienes para derramar aceite en los cabellos
vienes a mi oído para calmar el ruido de las bombas
 y el ruido del ladrón en la puerta
este amor amor es una tristeza rota una esperanza honda
este amor es más real que la sangre de las calles de guerra
es un amor que tiene detalles
flores
nubes
pájaros
libélulas

tengo pequeñas soledades

tengo pequeñas soledades
algunas afuera de la puerta
otras debajo de la cama
encima de la alacena
en el bote de café
y en la mesa
la gente busca el éxito
colecciona amigos dinero fama recelo
yo tengo pequeñas soledades
no tengo éxitos
desconozco la razón de la soberbia humana
en esa primera persona que nombro
existe asombro
la perfección de la entrega
la alegre despedida
y entre tantos modos de estar humanos
me quedo con mis pequeñas soledades
las veo cuando juegan y se bañan y se tocan
a veces me sonríen
creo que no les importa mi presencia
a veces busco otros ojos
y me doy cuenta del hueco infinito que nunca llenan
mis soledades
esas
están en todas partes
vuelvo a mi cuarto viejo
a mis sombras serenas
a los pasos míos que escucho
cuando las soledades saltan sobre mí
moviendo su cola

olor de perro

yo poeta
recurro a mi gracia divina para decir
que la huella de un poeta es
marcar el territorio como lo hace un perro encima de la tierra
es un aroma sutil
aroma de ojos tristes
parece la hoja cuando duerme sobre su tronco
y no hay oro de los tigres que valga
olor es olor
desciendo de mis abismos
hasta quemar mis pies
para escuchar el latido del corazón del tigre en mi boca
usted perdonará señor
del poderoso tigre de Bengala
es apropiado que los poetas
alcen la voz entre sus dedos
ya sabe
es susurro
es hacer un ovillo con la luz
solo debe cerrar los ojos
cálidamente
sería como estar muerto
tiernamente muerto
eso dice el poeta
los poetas mueren así
bajo rocas secas
como hacer un ovillo de luz
¿se ha fijado en la piel muerta de un poeta?
dicen que salta desde un rincón y se adhiere a la pared
yo me guío por el aroma
no me importa el rostro
ni el cuerpo
ni la sombra
el poeta siempre es el mismo
es una huella
toda la piel es la misma
es una misma piel extensa
que escribe sobre la hierba
es la aurora adentro de los ojos
el poeta es el olor del perro en la tierra

plumas

alguien que no soy yo me toca el alma
nada importante pasa en ella
bien sabe mi alma la mirada rota que dejo en las bancas
la torpeza de mis manos cuando de la taza de café
se resbalan gotas
que perecen en el suelo húmedo
en un charco desgarrado de honda negrura
desde aquí observo la suave ola de plumas de pájaro
no es el cuerpo tibio y esquivo del ave en mis ojos
veo
la hondonada de plumas entre mis dedos
alguien que no soy yo encierra en mi puño
el silencio
pequeñas plumas gotean entre estos dedos
es un pequeño pájaro
muerto

la religión de la muerte

en este ritual de mi boca contra la tuya
aprenderás a tener fe
creerás en la saliva derramada encima de tus labios
y yo te enseñaré las plegarias
porque el mundo es una inmensidad de odio y confusión
pero mi religión te salvará
hurgarás en las entrañas del agua
y amarás el odio
y amarás la rabia
y amarás la maldad
mi cuerpo es mi religión
habrá señales palpitantes
cuando lo ames
cuando lo odies
cuando sientas rabia
y quieras destruirlo
y añorarás enterrarlo hasta el fondo
de las raíces de los árboles
porque jamás podrás vivir sin él
porque jamás podrás olvidarlo

y si me abro de par en par

y si me abro de par en par
es porque cabalgo sobre el agua y el río
soy el camino y el sendero
el río el agua y la piedra
si me abro de par en par
como las puertas oscuras
es porque navego sin brújula
hacia tu patria de sombras
y tiernos desvelos
y si me abro de par en par
es para que me comas hambriento las tardes
con tus dientes afilados de sol
es porque imagino un laberinto
adentro de tu cuerpo
por eso me abro como una ola destruida
o una llama de fuego
o un tiempo convulso e irremediable
abrirme para ser un roce de tu cuerpo
en las piedras

casa de pájaros

amor el amor no muere es una casa
asume formas y nunca se destruye
quisiera decirte algo amoroso
y sin embargo solo alcanzo a mirarte
lejano en tu fachada
sonrío a tu sombra sentada de espaldas
asumo los pisos y las ventanas
tiernas y solitarias
las toco con las yemas de mi sombra
las arrullo entre mis ojos
amor el amor es una casa
cuando el alma se queda sin aire
sopla levemente en los rincones
saca el polvo y los ratones
a las casas también les duele hondo
hasta machacar las paredes
lejos allá en la curva por donde cruzas solitario
habitan las huellas de tus pies
están en el suelo grabadas
son sellos y señales
recíprocamente tus pasos
las conocen
porque alumbran y hacen ruido
y suenan como pájaros
amor el amor camina y sube gradas
no lo detengas
el amor es viento y es marea
es una raíz y un canto
es una casa
el amor es una habitación sin paredes
sin techos sin leña
el amor es viento y es marea
habita en el cuerpo y más allá del cuerpo
por eso mira de espaldas solitariamente
desde el aire de la ventana
su ruido su sombra su raíz
y ama el dolor como amas la casa
porque es viento porque es marea
porque se habita y deshabita
porque siempre te esperará
aunque no vuelvas

yo recuerdo

yo recuerdo cuando la llovizna nos cubrió el rostro y los brazos
esa imagen precisa se quedó redonda sobre la calle redonda
estábamos desvestidos desde los ojos hasta el alma
románticos como el agua de lluvia sucia que salía de las alcantarillas
yo recuerdo tus tres dedos rozarme el brazo
y tu mirada de torpe despedida
yo recuerdo que ibas a vestirte de santo
fue cuando empecé a odiar las iglesias pequeñas y grandes
por eso entraba en ellas y rociaba cierta agua en mis piernas
me acariciaba para sentir húmeda la piel
me quitaba los zapatos para tocar la piel contra el frío piso
pellizcaba dulcemente las bancas de madera con mis dedos
hasta que doliera
para saberte ahí reclinado sobre mi pecho
reclinado observando los mensajes en los ojos de los santos
yo recuerdo esa sutileza de la fantasía de traerte desde el sepulcro
negro de tu vestido hasta mi amplio vestido desnudo
para que pudieras entrar en él habitar en él caminar en él
yo recuerdo el sonido estruendoso de tus pasos en la iglesia
era el miedo al ruido de tocarnos
era la simpleza humana de confundir la carne con el espíritu

regresar a casa

regresar a casa palpitando de razón
tiene cierto sentido de polvo en las sillas
intento abrir con fuerza los ojos
y mirar la claridad que entra por la puerta
para aprender a sentir la dureza de la soledad
adentro de los ojos
lo absoluto de la soledad de pertenecerse solo
caminar descalza por la casa asumiendo los detalles
la arruga de la cortina la telaraña encima de la ropa
acurrucarse para recoger los libros y los lápices
ordenar las sábanas y las tazas
abrirse en dos las manos para comprender
que los ruidos opacos que responden a las palabras
son la verdad humana de los que siempre
se están despidiendo
regreso a la soledad porque me gusta su sonido
su hambre por el polvo
su deseo por acariciar el sonido de mi sombra

boca infinita

quise compartir mi cuerpo contigo
quise que escucharas el rumor de la hoja
cuando baja su velo y enseña su desnudez
pero no estabas listo quizá jamás lo estés
porque la hoja desnuda respira a la muerte
y la muerte como toda obra perfecta
elige una boca infinita

esencialmente

esencialmente los poetas no sirven para nada
las grandes hazañas tienen un cadáver
los poetas no tienen ni siquiera un muerto
uno que se mate mirándolo a los ojos
con coraje con humo de odio o amor en la pupila
con la daga hincándole las entrañas y sonriendo
los poetas no tienen patria no tienen batalla
esencialmente no sirven para nada
no construyen ni arman ni edifican no curan
esencialmente se miran así mismos
se aboban de su propia sombra
algunos jamás penetran la palabra
porque la palabra existe por sí misma
no los necesita
esencialmente los poetas siempre esperan
la única cosa que saben hacer
la sombra del muerto que habitan

el centro de la palabra

el centro de la palabra consigue atrapar
la amarga piel humana
larguísima estruendosa recíproca adjetivada
la palabra asumiendo su muerte desprevenida
porque reconoce el aroma de la muerte
por eso huele a tierra rociada de hedores
el tiempo adentro del tiempo hiede
supura cuando nace y supura cuando muere
la palabra es verdadera insobornable
cuando asume cuando invoca aquella triste
y destrozada razón
toda ella engullida con la mirada
el tiempo adentro del tiempo hiede
porque siempre está muriendo
desde la raíz hasta el centro del sonido
la palabra es partícula ancestral del universo

desnudez de lluvia

amo la desnudez de la lluvia
con ese amor triturado entre las manos
amo la risa de la lluvia y su rostro indescifrable
los brotes de sus dedos escarbando la tierra
los dedos de la lluvia sobre tu rostro
ese rostro que camina en los otros rostros
rostros viejos rostros jóvenes
todos en huida hacia la tormenta
amo deslizar la tarde y sus ternuras encima de tu vestido
acorralar la historia de la iglesia encima de la negrura
solo por eso recobro la lucidez de las palabras tempranamente
cuando sé que acabas de abrir los ojos y abres la ventana
amo la desnudez de la lluvia porque tu cuerpo yace oculto en ella
tu cuerpo oculto de mi cuerpo en eterna espera
por eso amo la lluvia
porque cuando te roza
es mi cuerpo son mis dedos es mi cabello son mis piernas
brotando desde tu piel hasta el cielo
y ahí en ese instante
te vas despojando del vestido negro de la iglesia de la corona del desierto
de la ardua tarea de recoger en tus manos mi cuerpo atravesado
en el aire de tu boca
y entonces
me bebes
en la copa de lluvia en cada gota

yo sé que escribo poesía

yo sé que escribo poesía
porque la muerte debe parecerse al silencio
la primera persona la única persona en la poesía
es el silencio
lo sé
porque al abrirse la palabra de la boca al estómago
veo su esqueleto
veo su sangre
veo su latido
yo sé que escribo poesía
porque la vida debe parecerse a la tumba
de un muerto equivocado
de un latido que vibra y no encuentra cuerpo
por eso se arrastra buscando nombres
arañando sonidos
yo sé que escribo poesía
porque no alcanzo cierto fulgor que miro
hasta sangrarme los ojos
quiero verlo
y es un cuerpo equivocado
es un vacío

la soledad

        es árbol tibio encima de la tierra
la tierra
        es hormiga lejana como un punto
la hormiga
        es tintineo caluroso detrás del sol
el sol
      es ojo que camina debajo de la sombra
la sombra
        es soledad encima de la tierra debajo del árbol
                    debajo
de la hormiga
       encima del sol
           detrás de la sombra

piedra

como toda piedra me rehúso a buscar la superficie
me propongo un hecho continuo desinteresado
mirar
mirar de frente de reojo desde lejos
la suciedad de las calles sus hormigueros destilados
la verdad grave que habita la acera
como la piedra me rehúso a morir en el sol
turbiamente entre las olas del viento
porque no me azuza el poder de estar encima de otras piedras
porque una piedra se libera susurrando los pasos de los hombres
porque la piedra hechiza la historia y permanece
porque la piedra nunca se destruye
solo toma forma de cascajo
pero nunca muere
y si acaso muriera
recrudece en el polvo
la piedra que es piedra desconoce el amor
por eso desconoce el odio
la piedra que es piedra
mira lentamente como viento adormecido
el vaivén de la tristeza
la piedra asume la esperanza más que ninguna otra cosa
asume en su corteza de tierra a la tierra misma
con su eterna mancha de sangre
el cobijo de la podrida humanidad y su despeñadero
asume la esperanza que alguien en algún lugar
se marchite como estrella y caiga hasta la tierra
y forme de la basura celeste
una solitaria piedra
que diga desde abajo y más abajo
toda piedra se come la tierra con la boca abierta del tiempo

una mujer en el fondo del espejo

"La rebelión consiste en mirar una rosa
hasta pulverizarse los ojos"
Alejandra Pizarnik

hay una mujer en el fondo del espejo
que caminó hasta mi cuerpo
delicadamente se instaló encima de mi piel
sus ojos brillaron y sus labios se mordieron laboriosamente
la vi destruir la ingenuidad ante la mirada
la vi adquirir a través de los ojos un conocimiento de alquimia
el zumo saliendo de sus manos desde el cuerpo mismo
desde el centro del cuerpo mismo
para elegir entre sus caprichosas curvaturas un espacio
la verdad del cuerpo la razón del cuerpo el sentido del cuerpo
ese saber le asigna un tiempo prematuro
batallas delirantes e inconquistables
asumirse en el cuerpo
ese saber le confiere un tiempo imposible e histórico
ella no es cuerpo adentro de otro cuerpo
ella no es cuerpo afuera de otro cuerpo
en sucesión de cadenas
ella es suma de tiempos y saberes
presente futuro continuo
hay una mujer en el fondo del espejo
que caminó hasta mi cuerpo
selló con ambas manos
la grave osadía de volar como un cuervo

bajé a la acera para recoger una sombra

bajé a la acera para recoger una sombra
era pequeña y vieja
la miré le di vueltas la puse a contraluz
alguna vez creí que las sombras se caían
desde las cosas hasta el suelo
por eso me cobijaba en las entrañas de las paredes
temía abrirme paso en medio de los rincones o cruzarme la calle
siempre temí el acto de abrir sombras con la punta de los pies
lo pensaba despacio a propósito para que mis ojos
vieran en los rincones sombras de lodo
sombras de humo sombras de basura sombras de personas
esta vieja y pequeña se aferró a mis dedos
penetró mis uñas
se recogió suavemente entre las líneas de la mano
sin tanto dolor como las otras
crucé rápidamente la acera
con la pequeña y vieja sombra entre las manos

usted viene muchacho con nombres transparentes

usted viene muchacho
con nombres transparentes
viene
me saca de mi libro
atora su cabello brilloso
sus piernas largas
sus amplias manos
así simplemente debajo de mi vestido
yo sigo mi camino
porque sabrá usted que mi camino
está repleto de estas cosas
de detalles luminosos
como este de dejar mi precioso libro
sobre la mesa y escucharlo
por eso le aconsejo
míreme bien
míreme como un insecto
como un bicho raro y venenoso
y luego
despacio o bruscamente
usted elija la forma
márchese
porque siempre me encontrará
lejos
siempre lejanamente
afuera de sus manos
porque usted puede tener
cualquier nombre
cualquier rostro
cualquier aroma
yo asumo
que el camino de usted muchacho
está hecho de otras cosas
yo asumo
las pérdidas
las soledades
y los desiertos
es mi elemento
recuerde
soy un insecto
un bicho raro

y venenoso

los poetas son de agua

los poetas son de agua leves y entretejidos en la lluvia
lo digo así con inclinación a la desgracia de la insinuación
porque he acabado mirando las gotas que caen sobre la acera
mientras todos corren despavoridos, yo aguardo que algo le suceda a la
//gota
que le suceda cruzarse con mis dedos, por ejemplo, y termine mirándome
triste o convencida de su falta de consistencia
ese tintineo reluciente me hace quedar ahí de pie afuera de la verdad
//humana
soy poeta digo soy de agua para justificar la terrible ola que cruza sin
//remedio
ante mis ojos
quisiera en ese instante retirarme hacia otro cuerpo y vivir la lluvia
espantosamente
como el resto de la gente
porque no pude ni puedo ver con otros ojos que no sean estos la maldita
//belleza
porque me admiro de los ojos del muchacho como si nunca los hubiera
//visto
como si se abriera un abismo de agua en las manos
como si no fuera suficiente haber desterrado el amor y su fauces con
//colmillos de mi
mirada
esta torpeza de ojos hondamente me atraviesa la humanidad que cargo
//adentro
son gotas y nada más
pero entran ardorosamente
entran y se instalan como brasas
soy poeta digo soy de agua
pronto pasará cuando saque los ojos y quede un hueco antiguo
oscuro en mi rostro

a ítaca

fui alguna vez Penélope
sentada y bordando el claro cielo y las nubes
Ulises volverá…así dice la historia
cuando en la tierra unos pasos soltaron la lluvia
y enterraron sus ojos de fuego en mis ojos
Ulises murió… ese día esa hora
cuando el forastero apareció
y enterró sus dedos en mis piernas
sus dedos hurgaron mi vientre hasta conocerlo
su olor se quedó en mi cabeza
la frialdad de mi cuerpo ante el tiempo y la espera
se crucificó ante el forastero que llega
fui alguna vez Penélope
sentada y bordando el claro cielo y las nubes…
ante el forastero sin nombre que no luchó en la batalla
que no alimentó al ciclope
que amó a las sirenas
ante su fuerza azotada contra mi espalda
fui locura desatada: mujer desnuda ante la isla
mujer sin sentido, mujer finalmente poseída
Ulises murió…ese día esa hora
cuando el forastero apareció
y sobre el cadáver de Ulises vibraron mi piel contra la suya
piel de hojas y olor de hierba
ese día esa hora
cuando todos los hombres llegaban a vencerse
él estaba en mi cama
pobre Penélope crucificada
eres cualquiera, le dijo el forastero
eres estúpida, se burló el forastero
ahora serás llamada la de las pocas monedas
al despedirse depositó mi forastero
una pequeña de plata sobre mis piernas
mis ojos lo vieron marcharse
mis ojos bordaban su nombre
sobre el claro cielo y las nubes
no entiendes, le dije, antes que cerrara la puerta
Ulises jamás ha existido
tú sólo conoces el latido de mi lengua

hombre

habítame sin remordimiento
toma la silla y siéntate en ella
toma la lámpara y enciéndela
ya has sido elegido para tocar las puertas
hombre
habítame sin descubrirte
toma la ventana y ábrela
desliza tus dedos en las paredes
anochece sobre las gradas despierto
que tu hora es la hora de los pasillos inundados
hombre
habítame para que seas historia
para que no mueras
no soy una madre una niña una amante
soy escalera ventana pared
soy la habitación que permanece
que encierra la noche y el día
soy luz
que entra en medio de las vigas
y destruye puertas

yo

la de mirada triste
me revelo
ante la existencia que mira
sobre el agua caminar las luces
ante la existencia que mira a los ojos
y encuentra su rostro infinito
me revelo
ante el cuerpo hoguera de fuegos antiguos
el fuego de los desconocidos
el fuego de la mitología
el fuego de las sombras
el fuego del fuego
adentro del alma
para vivir la tierra y sus convulsiones
para agitar desde adentro la tormenta
serán los pasos y escucharé desde lejos
será la respiración y tocaré las piedras
fuego seré desde mis dedos hasta el cielo
viviendo cada cosa
adentro hasta adentro
en la ancestral cueva

muerte última

quería intuir e intuía la sequía de las manos
la postura insaciable de las flores ante las luces
miraba con la ceguera de la noche y su trampa
por eso intuía gravemente sobre las puntas de los pies
cansada de cargar y cargar muertos
silencios desgastados que caían desde la lengua hasta el suelo
cuerpos que arrojaba desde adentro del estómago
eran cuerpos con sus cabezas y sus ojos abiertos
los lanzaba con estertor hacia todos lados
donde la mirada no pudiera alcanzarlos
y probé otra ruina y otro cielo y otra noche
probé el infierno acostada sobre el hielo
probé la turbia arena pasando sobre la piel
probé la sangre entre los dientes masticando
mis muertos se habían ido
y esa esa esa era la intuición
la soledad perfecta de la muerte

mi amor habita

en mi amor habita tu vaho que traes desde abajo
y es en ti y en la tarde donde mis ojos mueren
y es tu muerte la saciedad de la verdadera muerte
los campos que se extienden arrasados por el fuego
pude recoger flores marchitas
y que nada pareciera que brota verde
y que nada explotara en mis manos
para que yo herida creyera en la verdad
mirara hondo hasta el hondo de tus dedos la humanidad
y no la huida en la que hago besos a tientas
y no la casa en la que me escondo
porque lo humano se destruye desde adentro
y hace mitades y mitades para no verse
y yo anclo el instante en tu pecho y lo absorbo con mi lengua
y te pido que bajes hasta mi cueva y mates dragones
y miras sereno y fumas un cigarrillo y matas
yo sé que matas con la espada de tus dedos
esos dragones
y a pesar de la sangre y de los huesos y de la piel
fantasmas vienen y nos habitan
miran este cuerpo tuyo intacto sobre este cuerpo
mío devastado y parece que el amor y los encuentros son el camino a la
//muerte
son su destrucción y dices el alma y yo digo el cuerpo
y nada nada nada puede abrir la espesa niebla
el humo cerrado de piedras con lodo petrificado
lo humano se revela en mí feroz y trémulo
porque busca y me saca los ojos y los esparce
mis ojos caminantes entre las calles
y quizá las palabras quieran callarse
y quizá las palabras mutilan el silencio
por eso nosotros amamos las revelaciones
nos alzamos hasta la montaña salpicada de dura niebla
y desnudos
tú y yo
yo y tú
nos morimos de tanto sangrar palabras
nos morimos de traspasarnos el cuerpo
el que en mí te nombra
y te nombra porque no me cabes en el silencio

hoguera de los muertos

fui adentro tuyo todas las lluvias de la tierra
cuando penetré mi aliento en tu aliento
cuando temblé silenciosa debajo de tu cuerpo
el amor fue la hoguera de los muertos
fueron noches entrando en mi cabello
fueron silencios sangrando en mi boca
el amor fue el crucifijo que puso detrás de la puerta
otra niña triste como yo
el asombro pudo abrirme hasta dejar la piel rota
yo supe que el asombro tenía tu rostro
tenía tus dientes con aroma a cigarrillos
tenía tu saliva revuelta con mi saliva
y fui otra y era otra y soy otra
detrás tuyo y de todas las sombras que nos habitan
puedo escribir estoy escribiendo te escribo
derramado en el placer y en las palabras
yo no amo como aman las personas
yo hago adentro el sacrificio del agua con el viento
por eso te despojo lentamente de la piel
por eso mastico tus huesos
por eso vierto en ti mi agua
mi reino de mujeres descalzas
mujeres que desgarran vestidos
mujeres que destruyen cuerpos
yo no amo como aman las personas
no puedo amarte así
yo hago en ti
el grito de la piedra que explota

debajo de la piel es la noche

debajo de tu piel es la noche
es la palpitación del silencio
aquel que sube por la planta de los pies
 y se queda mirando
la tenue sombra del miedo

debajo de tu piel alguien debe saber que las historias mueren siempre
que el destino es simulacro de tristeza porque el tiempo pasa
 y la hora es infinita afuera del cuerpo

por eso me quedo mirando penetrada por la aguja de los ojos
el miedo la sombra y el tiempo
porque el misterio ese degradado de la razón
hace su milagro y su destrucción

debajo de tu piel habita un misterio una invocación que has hecho sin
medir
sin considerar que los conjuros provocan espantos y dilemas
ahí encima de ella he habitado debajo de ella me he deleitado
adentro de ella me he vuelto una creyente del destino y del misterio

la tarde es cruda y la noche está sola
he comenzado a dudar de la razón y su irreparable memoria

la boca

la boca libre es la boca
la boca libre se aferra a tu boca
y si tu boca me muerde
golosa y palpitante
mi libertad chorrea
entre tus dientes y tu lengua
siendo como soy
brisa histérica
bajo por los pasillos de tu cuerpo
anclo
navego
embisto
sobre el agua de tu vientre
libre entre olas

memoria

a veces habré de doblarme sobre la hoja
y penetrar el árbol torpemente
habré de tocar las luces de la sombra sobre la calle
a veces para saciar el olvido asomará el tieso
cabello de la noche
adentro habré de callar el silencio
yo que amo delicadamente los rostros
sucios de sangre
yo que amo abiertamente la risa del muerto
partiré el silencio en cristales
subiré la cuesta para doblarme sobre ella
abriré los pasos debajo de los pasos
para hundirme en la tierra
a veces habré tocado el olvido con la mano abierta
los dedos viejos las uñas negras
estas manos asumen como yo
el residuo del tiempo

flores

nunca quise destruir el polen
ni la savia ni el trueno
las cenizas de este hombre
estaban cerca
era abril
y en abril el viento sopla recio
debajo de mi cabello
y se entiende
que mirara dubitativa
el polvo de aquel hombre
yo no quería
estaba contenta o casi contenta
abría las palabras como frutas secas
ardía recostada en el umbral de las puertas
era simple
siempre lo fui
cuando mis dedos
penetraron el polvo de aquel hombre
no sabía que la tarde
estallaría en sangre del cielo hasta los pies

árboles

la poesía no miente aunque diga mentiras
así nos quedamos como dos pájaros cansados
escuchándonos
tú dices
tus ojos te desnudan vilmente
yo digo
soy buen fuego
fuego silencioso
fuego que entibia
fuego cadencioso
yo voy
digo
vienes dices
es lo más libre que he vivido
yo acierto con mis manos
y en el correr de los años
nos anclamos en las palabras
ya sabes
la poesía tiene la culpa
eres un árbol
que acoge a todos los insectos
a la lluvia a otros pájaros
esos somos
dos poetas amando

el mar soy yo

no necesito tus olas calando hasta el centro de mis piedras
hace tiempo la aurora canto en mi oído
y me reveló secretos que no debes conocer
no necesito el ímpetu de tu cuerpo contra el mío
cuando sea el tiempo de la tormenta en el agua
te llamaré
ansiarás caracoles y arena
y deberás esperarme
porque el mar soy yo
la palma de mis manos el centro de mis dedos
me conocen isla cálida y llena de aves
por eso me espero ansiosa de mí
de mis alas de mis extensiones de mis cuevas
porque soy el mar ondulante estrepitoso
limpio en las noches tenebroso en las tardes
soy el mar y me hundo en mí misma
extensamente como brisa en el horizonte
y yo me sé
y yo me entiendo
y yo mar
me ahogo de mar

hija de un tiempo febril

hija de un tiempo febril
hija de una escupida del viento
hija mala que baja desde las calles siniestras a los puertos
y entra con los pies desnudos con el cuerpo desnudo con los ojos
desnudos
a batirse con la espuma ensangrentada que nace en la arena
hija sublime de la contradicción y la angustia
hija del tiempo más sublime de las guerras
las que matan la carne las que entierran vivo el espíritu
guerras tengo en la piel escondidas guerras que gritan soledades
la guerra la única guerra amable del hombre me habita la piel
soy hija que pario un hijo que parirá un hijo
quizá muerto
quizá enterrado en la soledad
soy hija del horror de la televisión
de la maldad humana de comprar la felicidad
soy hija extraviada
porque amo con rabia
porque me como la piel y la carne del silencio
porque me bebo sin miedo el dolor
porque me entierro sola en la pared inmensa de la tierra
hija rebelde de la nostalgia
hija de la risa de un tiempo imbécil
hija vagabunda de las nubes camina sin zapatos y se baña desnuda
frente a los puertos
hija maldita de un tiempo maldito de un silencio maldito
de la maldita injusticia de la maldita ignorancia de la maldita verdad
de libros malditos de hombres malditos de pensamientos malditos
hija mala que nació con alas en un tiempo sin pájaros sin ramas

río del mundo adentro de mis ojos

haré de esta piel el río del mundo adentro de mis ojos
para que sepa mi cuerpo que más allá de los despojos
queda la sangre
no habrá lucha más profunda que la lucha de mi piel
sobre la piel de otro
porque arrancaré con las uñas mi patria de alientos
mis temblores mis aromas para esparcirlos por el mundo
porque no habrá mano ni ojo ni amor
que se asemeje a mi amor
mi amor de mí encima de los estertores
por eso soy la que huye
para que sepa mi cuerpo de la libertad de los viejos huesos
soy la que traspasa la liviana honestidad de los hombres
en mí se oculta una bestia con garras de piedra con dientes fatales
con horripilantes destellos de espejos rotos
en mí habitan los ojos de todas las sombras de mujeres muertas
haré de esta piel la cueva de la soledad más angosta
porque en mí no habrá derrota sino caminos
porque en mí no podrá ni el azote ni el desprecio ni la ira
porque en mí no habrá huella que camine sobre mis huellas
soy la que huye de la historia
la que brota de la hierba como insecto destructor de raíces
la que elige la que sepulta la que vuela

oscuro bosque

en tu boca de grito ahogado
habita el silencio de los mares
tus pies desnudos
tu cabello arbolado
vienes para hacer con tus manos
tierra construida sobre piedras abiertas
vienes sereno sobre hojas extrañas
tus ojos hablan de fantasmas y sombras y demonios
en tu amplio pecho de viento el silencio abriga mi boca
aliento que baja de las olas y revive el estrépito de este cuerpo
haz con tus dedos aleteos del tiempo en el oscuro bosque muerto
para que de tu boca renazcan raíces cantos de árboles viejos
desnuda tu cuerpo tu bello cuerpo de resplandores
y cubre de arena y ceniza la llama que te purifica
tu voz tu silencio tu risa
asoma tu aroma entre mis pupilas para que sane
para que despeguen mis alas
humedece tus dedos con saliva y hiere mi dolor con tu sangre
si el palpitar de tu voz camina sobre el camino
si el silencio blanco de tu boca habla
tu boca de grito duerme en el misterio
la voz de tu voz
el grito de tu grito
el silencio de tu silencio
llamado tu nombre entre la arena y el agua y la piedra
habítate hombre rumoroso
ponte tu traje de cuerpo sobre tu cuerpo luminoso

amé a Cortázar desde el día que uno de sus conejos se deslizó
por la puerta

amé a Cortázar porque nunca encontré el borde del balcón donde colgar
                                                        //las palabras
yo sabía cómo llegar hasta el borde colocar los pies en punta entre el
                                                            //aire y
la lluvia y lanzarme despacio nítidamente hasta abajo
amé a Cortázar ese aturdido día de lluvia y salto lo encontré sonriendo
                                                    //mirando detrás de
las gruesas gafas rodeado de conejos blancos absorto quitando pelo y
                                                    //pelo del piso
me detuve
primero un pie hasta adentro luego el otro sostenido por el aire decía al
                                                    //conejo ya ves que
va a saltar y te apuesto que abajo se verán letras rotas letras
                                                //ensangrentadas de tinta y sol
malo malo decía al conejo que se retorcía desde la cola hasta los bigotes
yo había bajado despacio el pie del aire y sentado encima del balcón
                                                            //deslizándome
hasta quedar con la vista en la amplia mano blanca y transparente
                                                        //conejo con dedos
miraba la mirada del conejo triste como la mía
y quería llorar y Cortázar repetía ya ves conejo anda decile llorá llorá y
                                                            //llorá
y me arremolinaba cruelmente sobre el balcón con las manos sostenidas
                                                        //por el aire
estaba en la soledad del centro no en la soledad periférica en la soledad
                                                        //céntrica que se
vuelca en la memoria como un conejo
amé a Cortázar desde entonces
desde aquella época sepia que los conejos son blancos bien blancos
                                                    //debajo de las manos de
Cortázar y yo asumo la distancia de mi pie en el aire y el balcón
                                            //céntricamente sin reparo ni tristeza

www.ingramcontent.com/pod-product-compliance
Lightning Source LLC
Chambersburg PA
CBHW070556160726
48003CB00005B/2074